AF320739

QUELLES SONT LES CAUSES

DE NOS REVERS

Par M. ***

LYON

IMPRIMERIE X. JEVAIN, RUE SALA, 42

1874

PRÉFACE

Maintenant que le calme est rétabli et que les armées allemandes se sont retirées de notre territoire, notre premier devoir est de nous reconstituer sur des bases solides et surtout de nous reconstituer d'une façon prompte et sans de trop grands changements qui nécessairement amèneraient une perturbation des plus fatales.

Le terrible enseignement que nous venons de recevoir a été rude, espérons qu'il restera gravé dans nos cœurs et que nous saurons en profiter ; la nation française n'est pas morte , elle possède encore en elle-même la plus grande vitalité et espérons qu'avec l'aide de Dieu qui préside aux destinées des nations comme à celles des hommes, de beaux jours lui sont encore réservés.

Pour arriver à cela et pour ne pas retomber dans les mêmes abîmes, il faut rechercher les causes de nos revers. Chacun a dit son mot, les récits les plus absurdes et les plus contraires, mais peints souvent sous des couleurs vraisemblables, ont fait le tour de l'Europe entière ; aujourd'hui ces fables sont tombées dans l'oubli et l'on commence à distinguer la vérité. Mais il ne faut pas seulement rechercher les causes de nos revers, il faut aussi étudier les moindres faits, les moindres circonstances qui réunis ont amené par une force irrésistible ces causes dont nous supporterons longtemps les conséquences.

En examinant notre histoire nous voyons que nos résolutions commencent toujours de même : quelques ambitieux mêlés à des révolutionnaires de bas étage s'agitent sourdement, puis secondés par les mécontents, tiennent tête au pouvoir, puis profitant des circonstances finissent par le renverser. Et ce qu'il ne faut pas se dissimuler c'est que la cause première de nos malheurs est due à la révolution. Qui est-ce qui demandait à grands cris la réduction du contingent ? Qui est-ce qui a fait refuser toute espèce de crédit pour l'organisation de la garde mobile ? N'est-ce pas cette opposition systématique qui s'attaquait à tout.

Ce qui devient la cause de tous nos maux, c'est que nous finissons toujours par nous laisser prendre aux belles paroles sans songer à ce que nous ont amené les révolutions et quels en ont été les résultats.

Après la Révolution française, après l'abaissement de notre pays, que fallait-il pour réprimer tous les désordres et pour nous relever au rang des nations, car malgré tous les grands principes qui ont surgi de l'abolition des abus, la Terreur avait imprimé à la France un signe qu'elle ne pouvait se dispenser d'effacer. Il fallut le règne glorieux et ferme de Napoléon qui nous éleva au dessus de tous les peuples.

A la chute de l'Empire, 1815 nous amena les armées étrangères c'était l'humiliation et la servitude.

Enfin lorsque la France commençait à se relever pour la seconde fois, les esprits ne s'entendaient plus ; de part et d'autre on se défiait; de là des prétentions exagérées et des résistances aveugles qui amenèrent la révolution de Juillet. Un nouveau gouvernement venait d'être institué, il fut encore renversé par la République en 1848, qui à son tour fit place au second Empire, lequel miné par les révolutionnaires et accablé par les différents partis succomba aussi bien sous les coups des ennemis de l'intérieur que sous ceux des Prussiens.

Quel bien nous ont fait ces divers changements ? En sommes-nous plus avancés ? Non. Eh bien toutes ces révolutions n'ont servi qu'à ruiner d'honnêtes gens et qu'à nuire aux intérêts de ceux pour qui elles étaient faites.

En effet, on n'ébranle pas impunément les masses et il est plus difficile de ramener la paix dans les esprits que l'ordre dans la rue, et pour que le pays soit heureux, il faut que le gouvernement soit stable, car les révolutions et les changements ne font que détruire ce qui a été fait, et après l'abus il faut la main de fer, après le désordre d'un jour il faut des rigueurs et des sévérités pour ramener l'ordre et la confiance.

QUELLES SONT LES CAUSES

DE NOS REVERS

I

Les malheurs de la France ne peuvent être attribués qu'à deux causes principales : à la presse radicale et aux sociétés secrètes.

Ce qui a préparé nos malheurs, nos défaites, c'est l'influence de cette presse sur les masses. En France, sauf cependant des exceptions, les journalistes ne sont autre chose que des hommes de parti violents et impudents, ou des gens dévoués à toutes les besognes rétribuées, vendant leur plume à qui la paie le plus cher. En France, une trop grande liberté de la presse est impossible. Dès qu'on commença à lui rendre les rênes, toutes les extravagances des démagogues furent à l'ordre du jour ; on se mit à prêcher ouvertement la désobéissance aux lois. Dans les journaux aussi bien que dans les réunions publiques, on ne discutait plus d'une manière digne les questions politiques ou sociales, mais on arrivait soit à des articles de la dernière violence, soit à des séances tumultueuses au suprême degré. Pendant plus d'une année, l'assassinat, la rebellion, l'empoisonnement, ont été ouvertement prêchés au peuple ; on les lui recommandait comme les meilleurs et les seuls moyens de sauver le pays.

Les gens sensés haussaient les épaules en entendant toutes ces turpitudes ; mais malheureusement dans les masses ces idées, que le moindre raisonnement fait rejeter, prenaient racine, et à force de les entendre répéter, beaucoup finissaient par y adhérer, car en France nous avons le malheur d'accepter comme une vérité tout ce qu'on invente contre le gouvernement.

Il n'y avait plus qu'un rempart sur lequel s'appuyait l'ordre et qui gênait les révolutionnaires ; ce rempart c'était l'armée ; on résolut de le battre en brèche. Aussitôt les journaux rouges entrèrent en campagne.

Au commencement de janvier 1870, sous ce titre : *Les Soldats,* le *Rappel* commençait le feu.

PREMIER ARTICLE : *L'armée de la révolution,* lettre de Victor Hugo à son fils Charles, datée de Hauteville-House, 18 décembre 1869 :

« ..... Tu commets un crime de préférer, comme moi, à la société qui tue, la société qui éclaire. Tu ne veux pas pour l'ordre social de ces deux cariatides : à une extrémité, l'homme guillotine ; à l'autre extrémité, l'homme-chassepot, etc... »

DEUXIÈME ARTICLE : *Les Soldats,* par Félix Pyat :

« Qu'est-ce que l'armée?... C'est le paysan armé. L'armée est le paysan qui tue, comme l'empire est le paysan qui vote. La force debout contre le droit... Pauvre armée! sa Liberté est la consigne. Son Egalité, le sou. Sa Fraternité, le chassepot...

« Drapeau de la France, où vas-tu? — A la Ricamarie, à Aubin. — Quoi faire? Tuer les Français qui veulent du pain!...

« Qu'est-ce que la colonne? Que veut dire ce trophée, ce monument de la force contre le droit? La gloire n'est pas de servir son maître, mais de le combattre...

« Et toi soldat, qui es-tu? que fais-tu?... Pendant les dix meilleures années de ta vie, désœuvrement et destruction! T'entretenant la main sur le Français, en attendant le Prussien... Aucune perspective, aucun stimulant, aucune promotion possible, car l'Europe refuse la guerre à l'Empire, comme la France lui refuse l'émeute...

« Ouvrier de la paix devenu ouvrier de la guerre, salarié partout, misérable partout, esclave partout, portant la livrée, non l'uniforme! Soldat du pape comme de l'empereur, tuant le peuple qui te nourrit, tuant ton propre frère, s'il trouve que c'est trop de travailler pour deux, pour lui et pour toi, et de n'être pas même payé pour un!...

« Compare ce que tu es à ce que tu étais : sous l'Empire, conscrit ; sous la République volontaire... ; sous la République, l'égalité armée, le droit d'élire chefs et représentants, d'envoyer quatre sergents, non à l'échafaud, mais à la tribune.

« La première armée du nord, l'armée de la révolution française... que devient-elle sous le fondateur de l'Empire, sous cet étranger, sous ce Corse, qui reçut le commandement pour dot de sa femme? Cette armée devint une horde de flibustiers.

« Nous rendrons pacifiquement à la France la couronne que décembre lui a prise. Trois sommations à lui faire : refus de l'émeute, refus de l'impôt, refus du service militaire et civil. »

Troisième article : *L'autre prolétaire,* par Charles Hugo :

« Il y a un prolétaire plus à plaindre que l'ouvrier, un prolétaire soumis à un maître plus dur que la misère. Ce prolétaire, c'est le soldat, soumis à ce maître, la discipline. Qu'est-ce que le soldat? Un travailleur arraché à la paix, un citoyen arraché à la cité, un enfant arraché à la famille. Il avait un champ, un village, une mère, une fiancée, des amours. On lui a tout pris. On lui a pris sa vie, sa jeunesse, sa liberté, sa chanson, son âme et son cœur pour en faire de la chair à canon. Un code formidable pèse sur lui. Fusillé pour un mot, pour un geste, il est incessamment couché en joue par le fusil qu'il porte. Il n'a plus qu'un devoir : obéir; il n'a plus qu'un droit : mourir...

« Qu'aimez-vous mieux? être les derniers en France à défendre la dictature, ou les premiers à protéger la liberté? Le chassepot vous met dans la main une arme qui peut être terrible ou généreuse. »

Quatrième article : *Les Parias,* par François-Victor Hugo :

« Soldats, vous qu'on a armés contre le peuple d'une arme qui tue douze hommes à la minute, méditez ceci : Sous la République, vous étiez tous électeurs. Sous l'Empire, vous avez presque tous cessé de l'être... La République avait fait de vous des citoyens, l'Empire a fait de vous des Parias. »

Cinquième article : *La petite guerre,* par Ed. Lockroy.

« Je ne puis songer au chef de l'Etat sans songer en même temps à Georges d'Avenel. Ils ont tous deux et continuellement le même refrain à la bouche :

« Ah! quel plaisir d'être soldat!

« Le chef de l'Etat aime à flatter le soldat. Il prétend s'occuper sans cesse du soldat. Le soldat! toujours le soldat! Quand Sa Majesté parle du soldat, son style s'anime, etc. »

Sixième article : *Le peuple et l'armée,* par Gustave Flourens :

« Hier encore, c'était un jeune paysan, heureux et libre

Il allait gaîment de la montagne à la vallée et du village à la ville, Pourquoi a-t-il changé sa brillante campagne contre la sombre caserne, et son fouet au joyeux cliquetis contre ce morceau de fer emmanché dans du bois?

« Les voici tous alignés. Oh! comme ils ont l'air triste!... Quel chagrin du désœuvrement qui succède dans la caserne à leurs laborieuses habitudes... Se promener deux heures devant une porte avec un fusil, se sentir inutiles, manger son pain sans l'avoir gagné, voilà à quel supplice ils sont condamnés.

« Quand on pense que la République avait donné aux soldats le droit de voter, d'élire, pour les représenter, les trois braves sergents : Boichot, Commissaire et Rattier; et quand on les voit aujourd'hui traités de cette façon, on est saisi de confusion et de colère. »

Voilà à quoi travaillait l'opposition sous l'Empire. Voilà le prologue du 4 septembre; elle a poussé à la guerre, car son terrain était prêt; elle savait ce qui devait arriver. L'armée soutenait l'Empire; il fallait se débarrasser de l'armée. En vain criait-on à ces malheureux, qu'en cherchant à briser l'Empire ils couraient le risque de briser la France elle-même; ils y répondaient par des proclamations à l'armée signées des députés et des journalistes de la gauche.

Hélas! la menace s'est réalisée; ils ont jeté l'Empire à terre, mais la France avec lui!

II

La seconde cause, celle qui nous a fait le plus grand mal, mais dont il était difficile d'empêcher les progrès, ce sont les sociétés secrètes; c'est par elles que tout fut fait, car une fois dans leurs filets il est impossible d'en sortir; et leurs partisans, tout en proclamant que l'homme doit être libre, sont les esclaves du mot d'ordre.

Voilà ce qu'ils appellent être libre! Ces hommes chantent les louanges de la liberté en maudissant la tyrannie. Hélas! ils ne réfléchissent pas, les malheureux, qu'ils sont les esclaves et les instruments d'hommes qui les méprisent, les renient une foi au pouvoir, et ne se servent d'eux que pour s'élever.

Les réunions publiques organisées par ces sociétés préparaient les esprits, tandis que leurs émissaires s'apprêtaient pour livrer le dernier assaut soit par des raisonnements captieux,

soit par des promesses, soit avec de l'or et même en employant
des menaces. C'est ainsi que les deux tiers de l'armée française
faisaient partie des sociétés secrètes. Une fois qu'ils étaient
enrégimentés dans ces sociétés maudites, on prêchait aux soldats l'indiscipline et la révolte, on leur disait que tout le monde
était égal, que les officiers n'avaient pas le droit de donner des
ordres, car les Français n'étaient pas des esclaves.

D'un autre côté, dans le corps d'officiers, c'étaient les différents partis qui faisaient le mal ; beaucoup d'officiers faisaient
de l'opposition au gouvernement parce qu'ils étaient légiti-
mistes, orléanistes, ou bien républicains, et malheureusement
ils ne se cachaient pas de leurs soldats, bien plus ils faisaient
de la propagande.

Nous le demandons, que voulez-vous que fît le soldat en
entendant tout cela ? A moins d'être d'un caractère ferme et
bien sincère dans ses opinions, le soldat se laissait entraîner par
ceux qui le flattaient ou lui faisaient des promesses.

Hélas ! dans ce naufrage périt la discipline.

Si on veut des exemples frappants de ce que peuvent la discipline et l'unité de vue, qu'on lise nos campagnes de Crimée
et d'Italie ; c'étaient les mêmes chefs, les mêmes hommes. Loin
de leurs foyers, luttant contre des armées nombreuses qui défen-
daient leur pays, que n'ont-ils pas fait ? Un siége de près d'une
année, loin de les décourager, ne faisait qu'enflammer leur courage ; ils supportaient la chaleur et la neige sans aucune plainte,
et pourtant c'étaient les Canrobert, les Bazaine, les Mac-Mahon,
les Bourbaki qui étaient à la tête de nos troupes. La France
était fière de ses enfants. En 1870, nos soldats, écrasés par le
nombre, crient à la trahison ; chaque soldat se fait juge de ses
chefs et jette au public sa sentence. Chaque Français, malgré
sa tristesse, espère secrètement que nos revers feront triompher
son parti.

Enfin la catastrophe de Sedan arrive et avec elle le 4 septembre. La République est proclamée, chacun s'y soumet, car
les Prussiens sont aux portes de la capitale. C'est le moment de
se réunir, de se grouper, de se serrer en masse, c'est le moment
d'oublier toutes les querelles, de laisser de côté tous les partis ;
il ne faut plus songer qu'au salut de la France. Nous pouvions
encore sortir victorieux de la lutte ; nos soldats, malgré tout,
étaient encore solides et courageux ; nous avions des ressources

immenses et des hommes capables pour les rassembler et en faire un tout homogène, qui aurait pu rejeter l'ennemi chez lui et lui faire payer cher ses premiers succès. Aux cinq cent mille mobiles qui étaient déjà dégrossis on ajoutait la levée des célibataires de vinq-cinq à trente-cinq ans ; avec d'anciens officiers et sous-officiers on pouvait, en moins d'un mois de manœuvres, envoyer par grandes masses ces troupes au feu ; ces jeunes soldats se voyant en nombre se seraient sentis épaulés et auraient été au combat comme à la fête. Tandis que le gros de l'armée aurait été formé de ces jeunes troupes mêlées à quelques vieux bataillons qui lui auraient donné de la confiance ; le service d'éclaireurs, de tirailleurs qui ne s'apprend qu'à la longue, aurait été fait par ce qui nous restait d'anciens soldats.

Mais hélas ! ceux qui ont pris le pouvoir font passer leurs intérêts avant ceux du pays.

La France était organisée ; le premier acte du nouveau gouvernement est de changer les préfets qui connaissaient les ressources de leur département et de les remplacer par des gens inconnus qui arrivaient on ne sait d'où, et dont la plus grande partie ne connaissaient en aucune manière les rouages de l'administration. On exile le comte de Palikao, qui est un véritable homme de guerre et qui venait de le prouver ; en trois semaines il avait créé une armée de 150,000 hommes et organisé la défense de Paris. Ce général est remplacé par un avocat. Lorsque le danger est imminent on s'occupe de changer le nom des rues et de renverser des statues.

Dans la plupart des grandes villes les magistrats sont emprisonnés, les municipalités sont envahies par des hordes de vagabonds qui mettent les ressources du pays au pillage. A tout cela quel remède apportent ceux qui sont au pouvoir ? Rien. Ils ont autre chose à faire, ils complètent leur œuvre d'*organisation*. Nous n'avions plus beaucoup de soldats aguerris, mais nous avions des milliers d'hommes jeunes et vigoureux, qui bien commandés auraient pu être redoutables aux Prussiens ; nous n'avions plus beaucoup d'officiers, mais nous pouvions prendre des sous-officiers qui en peu de temps auraient pu former les recrues.

Mais non ; pour couronner le tout, le gouvernement de la défense nationale décrète que la République étant le règne de l'égalité, les officiers seraient nommés à l'élection par leurs soldats. Ce fut le comble de la désorganisation. Au moment où il nous fallait lutter contre des troupes aguerries, commandées par des officiers d'un savoir reconnu, on remplace nos officiers qui connaissaient déjà leurs hommes, savaient ce qu'ils pourraient en tirer, on les remplace, disons-nous, par des hommes qui sortent des rangs et qui connaissaient la guerre comme les nouveaux préfets connaissaient leur département. Il s'est même trouvé des chefs de compagnie qui ne pouvaient signer leur nom. Quant à nos officiers supérieurs, d'un mérite reconnu, on les écarte et on préfère à ces chefs, qui ont fait leurs preuves sur les champs de batailles, des généraux improvisés qui se trouvent investis d'un commandement important, sans posséder les connaissances les plus indispensables.

Avec tout cela, aucune réflexion, aucune unité dans le commandement, le désordre est partout. Sans savoir comment il les équipera, les armera et les nourrira, le ministre Gambetta fait levée sur levée, proclamation sur proclamation : il croit que d'appeler des troupeaux d'hommes sous les drapeaux suffit pour former une armée ; il croit que ses paroles suffisent pour soutenir nos soldats, et qu'en lisant ses proclamations emphatiques ils oublieront les souffrances de la faim. Pour lui, que lui font les misères de nos pauvres armées ; qu'il vente, qu'il neige, il a bien autre chose à faire.

Enfin une de nos armées, notre dernier espoir, est lancée dans l'est pour aller débloquer Belfort, et de là essayer de couper les communications de l'ennemi. On pouvait avoir confiance, le général en chef a fait ses preuves depuis longtemps ; en effet, nous remportons quelques succès. Déjà les amis du ministre-avocat voient le duché de Bade occupé, le Wurtemberg et la Bavière envahis ; ils se livrent à la joie et ils oublient qu'une armée ne se bat pas sans munitions, et qu'il faut au moins du pain pour soutenir les forces du soldat. Un mois après, cette armée n'est plus une armée : c'est une armée en débris. Et en quels débris ! On a beau être brave, on ne se bat pas dans des conditions pareilles. A peine vêtus, mourant de faim, de quoi étaient capables tous ces hommes ?

Il faut entendre ces braves raconter leurs indicibles souffrances, comment ils se sont battus trois jours et trois nuits sans nourriture, comment officiers et soldats, partageant les mêmes privations, n'ont reçu ni solde, ni vivres, ni chaussures. Leur élan fut cependant magnifique les premiers jours, mais rien ne pouvait le soutenir. Les chemins étaient semés de soldats gelés ; de misérables soldats hâves, chancelants, les pieds nus, se traînaient sur le seuil des maisons, laissant les malades et les blessés dont les cris d'agonie s'élevaient au ciel contre ceux qui après les avoir jetés au combat, les y ont abandonnés sans le nécessaire.

III

Après un siége de plus de quatre mois, la ville de Paris est obligée de capituler ; à son tour les vivres lui font défaut, et nos gouvernants sont obligés de signer un traité de paix.

Etait-ce donc la peine de faire une révolution, de dissoudre l'ancien Corps législatif, de se soustraire à toute épreuve électorale, de destituer en quelque sorte la France de ses droits en lui imposant une dictature qui a dépassé en illégalité et en arbitraire tout ce qu'on a pu reprocher en ce genre aux divers régimes qui se sont succédés en France depuis un siècle ? Etait-ce la peine d'épuiser le pays d'hommes et d'argent, de verser tant de sang et de semer notre territoire de ruines pour en arriver à ce résultat ?

La seule consolation qui nous reste, c'est que ce fatal résultat a été conduit et achevé par les mêmes hommes qui se sont faits les adversaires systématiques de tous les gouvernements antérieurs, et qui prétendaient posséder seuls le secret de rendre la France libre, prospère et glorieuse ; par ceux qui s'étaient chargés de la relever du désastre de Sedan et dont le pays a subi l'autocratie avec une docilité et une abnégation qui n'ont jamais été dépassées.

Pendant six mois, qu'ont fait ces hommes qui ont été maîtres de la vie et de la fortune de tous les Français ? Rien. Eux qui devaient sauver la France par la République, par le règne de la loi et de la liberté, ils n'ont pas même mis en pratique les principes qu'ils n'ont cessé de revendiquer toute leur vie. Eux qui ont demandé le gouvernement du pays par le pays, ils ont repoussé toute constitution d'une Assemblée représentative. Eux qui ont condamné les commissions municipales, ils ont institué partout des commissions municipales. Eux qui ont sollicité le contrôle des finances, ils se sont opposés au contrôle des finances, laissant les caisses publiques livrées au plus obscur gaspillage. Eux qui ont demandé l'abolition des gros traitements et qui se sont élevés contre le cumul des places, ils ont multiplié les fonctions aussi inutiles que bien rétribuées. Eux qui ont réclamé avec tant d'acharnement la liberté, ils nous ont imposé la dictature absolue.

Ah! leur œuvre est bien complète!

La France est ravagée, le sang coule à flots; sur ces débris et devant ce spectacle lamentable, on ne songe qu'à des destitutions et des vengeances! Pas d'Assemblée nationale, pas de Conseils généraux, pas de Conseils municipaux, nulle représentation et nul contrôle! Droits du suffrage universel et du père de famille, garanties du citoyen et du contribuable, tout est supprimé, confisqué; il ne reste plus rien que leurs préfets, proconsuls irresponsables exécutant leurs fantaisies sur les ruines fumantes de la patrie!

IV

Telles sont en peu de mots les causes qui ont provoqué nos premiers revers et celles qui dans la suite nous ont précipités dans l'abîme.

Nous en étions là : la France allait être envahie tout entière, lorsqu'enfin le 8 février l'Assemblée nationale fut élue. Les partisans de la guerre à outrance furent battus presque partout, et peu de jours après la paix était signée.

On pouvait croire que tout était fini, que nous n'avions plus qu'à panser nos blessures et à relever nos ruines. Hélas! non, tous nos maux n'étaient pas finis; on avait compté sans la lie de la révolution qui, elle, à son tour, voulait goûter du pouvoir. Les places et les gros appointements avaient été donnés aux amis des chefs du parti, le reste avait eu beau réclamer, tout était pris, il ne restait plus rien. Cela lui fut facile; Jules Favre, lors de l'armistice, ne voulant pas déplaire à ses électeurs, à sa bonne populace parisienne, et en diplomate habile, ayant obtenu du comte de Bismark que la garde nationale tout entière garderait ses armes avec une seule division d'infanterie. Au fond M. de Bismark accepta cette clause avec joie, car ne pouvant nous ruiner davantage, il vit que pour nous abattre de plus en plus il n'avait qu'à nous laisser faire.

Nous ne parlerons pas de cette formidable insurrection qui a nom la Commune de Paris, car cela ne rentre pas dans notre sujet; ce fut une révolution aussi brutale que l'avait été sa devancière et dont les auteurs ont été justement frappés par la justice militaire. Seulement, nous le demandons, qu'avons-nous gagné à tout cela? Ces révolutions sont presque toujours les mêmes; elles n'ont servi qu'à remplir les poches d'un petit nombre d'aventuriers et de gens peu délicats; elles ont abaissé la fortune publique, ruiné pas mal d'industries et d'industriels et un nombre incalculable d'ouvriers.

Enfin voilà deux ans que ces événements sont terminés; nous avons vu défiler sous nos yeux une longue série de scandales; nous avons assisté aux révélations les plus étranges; sommes-nous corrigés pour cela? Non. Maintenant que notre devoir est de nous reconstituer sur des bases solides, de quoi nous occupons-nous? Hélas! la division des partis est pire que jamais; tous cherchent à s'entre-dévorer, tout le monde se fait juge et prononce une sentence selon son opinion, selon son intérêt.

Au lieu d'être toujours à fouiller des ruines, à rechercher ces accusations qui entraînent l'indiscipline, la défiance et le désordre, ne devrions-nous pas être occupés à reconstruire, ne devrions-nous pas cependant savoir que la défiance et le découragement sont contagieux? Non; les révolutionnaires sont là, ils veulent le scandale, ils fouillent, ils cherchent encore un officier à outrager et à déshonorer. Ils sont là, ces hommes qui ne se sont jamais battus, qui ont toujours trahi; ils attendent leurs victimes au passage pour leur jeter la boue, et derrière eux il y a la foule, lâche et imbécile qui applaudit.

Après avoir traîné devant les conseils d'enquête tous les commandants de nos places fortes, nous nous donnons le procès Bazaine. On dit qu'il est coupable, mais tout son passé de soldat, devenu maréchal de France à force d'énergie et de volonté, faut-il l'oublier dans son actif? Voilà le soldat qui devient officier, il se bat, il est brave, il est décoré. Il devient capitaine, colonel, général, maréchal. Il en voit des pays et des hommes avant d'en arriver là! Il apprend ce que vaut l'humanité, et combien peu pèse un nom dans la balance de l'histoire. Il prend part à trente-deux campagnes. Pensez-vous à ce que cela peut représenter de courage, de vie dure, de privations et d'horreurs, trente-deux campagnes!

Et pourtant le voilà condamné. Mais l'on voit circuler librement, tranquilles, souriants, le cigare aux lèvres, MM. Gambetta, Trochu, Ferry, Jules Simon, et autres qui faisaient tuer des hommes de gaieté de cœur quand ils savaient que cela serait infructueux, ou qui ont capitulé avec une armée de cinq cent mille hommes.

A quoi cela a–t–il servi? Cela a servi à troubler l'armée française, cela a servi à compromettre de braves officiers qui, cernés dans une place forte, sans autres nouvelles que celles qui arrivaient par l'ennemi, ont pu parler avec ce découragement que donne le silence et le trouble où vous jettent ces rumeurs de guerre civile et d'émeute. Cela a servi à ternir des noms qui sont dignes de notre estime.

Mais non; on ne peut les juger avec les lois ordinaires, car le 4 septembre leur a fait une situation qui ne s'est jamais vue dans l'histoire! Eux tous, généraux, officiers, nommés par l'empereur, ayant juré fidélité à l'empereur, c'est par l'ennemi qu'ils ont appris que l'émeute régnait en France, qu'il n'y avait plus de gouvernement.

A quoi cela a-t-il servi? Cela a servi à rabaisser la nation française aux yeux de l'Europe entière et à ses propres yeux. Au lieu d'agir elle parle; au lieu de relever ses forteresses, elle flétrit ceux qui les ont défendues; au lieu de se reconstituer en silence, elle appelle la foule à grand bruit pour lui montrer ses plaies; elle met le pays à nu, elle étale ses hontes. Hélas! nous n'étions pas tombés assez bas. L'Europe ne savait pas tout; peut–être l'étranger nous craignait encore.

Aujourd'hui les nations s'avancent, nous regardent et nous jugent. Les journaux anglais ont prétendu que la condamnation du maréchal Bazaine était une satisfaction donnée à la vanité des Français. Une feuille belge s'exprima ainsi :

« Le conseil de guerre, siégeant à Trianon, a condamné à l'unanimité le maréchal Bazaine à la peine de mort avec la dégradation militaire.

« Et Aaron prendra de l'assemblée des enfants d'Israël, deux boucs en offrande pour le péché, et Aaron jettera sur les deux boucs le sort; et Aaron offrira le bouc sur lequel le sort sera tombé en offrande pour le péché.

« Le maréchal Bazaine est la victime expiatoire de la guerre de 1870; il paiera, sinon de sa tête, puisque l'exécution littérale de l'arrêt du 10 décembre est moralement impossible, du moins de la flétrissure de son nom, ses propres fautes et sa propre incapacité, en même temps que l'incapacité et les fautes de tant d'autres. »

Mais puisque l'on veut absolument des coupables, que la justice soit pour tous ; que MM. Gambetta, Jules Favre et Trochu' dans un débat public se défendent, se justifient ; il faut qu'ils avouent pourquoi ils mentaient. M. Jules Favre et M. Trochu diront par quelle exécrable pensée ils prolongeaient une résistance à laquelle ils ne croyaient pas. M. Gambetta dira sur quels plans reposaient ses espérances pour continuer la lutte. Oui, il faut juger les hommes de septembre, les hommes qui ont commis la plus lâche trahison des temps modernes ; oui, il aurait fallu les flétrir à jamais avant de faire comparaître les autres.

V

Telles sont les causes de nos revers, telles sont les causes qui ont amené notre abaissement ; mais si par malheur cette horrible épreuve ne nous servait à rien, qu'elle serve d'exemple aux autres nations ; par nous elles doivent savoir où peuvent les mener la discorde, les émeutes et les révolutions.

Pour pouvoir mener à bien une entreprise, pour sortir avec succès des dangers qui la menacent, il faut qu'une nation soit forte, puissante et unie ; mais pour avoir ces qualités sans lesquelles on ne peut prétendre à rien, il faut que l'influence des partis soit nulle, il faut que toute la nation ait les mêmes idées, le même but, il faut qu'elle s'ébranle tout entière à la voix de celui qui la gouverne, et alors n'ayant qu'une seule et même volonté, qu'une seule et même direction, elle écrasera tout sur son passage ; rien ne peut lui résister. Mais si au contraire, l'influence des partis se fait sentir, si les idées subversives viennent entraver la volonté dirigeante, l'unité est rompue et la direction sera vague et incertaine, et alors il arrivera ce qui est arrivé à notre malheureux pays.

Ainsi donc l'exemple vient de nous le prouver : pour qu'une nation soit florissante et redoutable, il faut qu'elle se serre autour de ses chefs, et que si elle reproche quelque chose à ses constitutions, elle doit les modifier peu à peu et à la longue sans rien brusquer ni renverser, et qu'elle finisse par se persuader, sous peine de ruine et de déchéance, que chaque pierre qu'elle enlève à l'édifice de ses institutions est un bloc de granit qu'elle suspend sur sa tête.

LYON. — Imp. JEVAIN, rue Sala, 12 et 14.